全民健身计划系列丛书

搏击操

徐文峰　许斯诺／主编

U1008703

吉林出版集团股份有限公司
全国百佳图书出版单位

图书在版编目（CIP）数据

搏击操 / 徐文峰, 许斯诺编著. -- 长春 : 吉林出版集团股份有限公司, 2021.1（2021.10重印）
（全民健身计划系列丛书 / 王晓亮主编）
ISBN 978-7-5581-9479-5

Ⅰ. ①搏… Ⅱ. ①徐… ②许… Ⅲ. ①健美操—基本知识 Ⅳ. ①G831.3

中国版本图书馆CIP数据核字(2020)第251779号

BO JI CAO

搏击操

徐文峰　许斯诺　编著

责任编辑　田　璐　朱万军
封面设计　张振东
版式设计　吉林国艺图书有限公司
责任印刷　王　起

出　　版　吉林出版集团股份有限公司
发　　行　吉林出版集团青少年书刊发行有限公司
地　　址　长春市福祉大路 5788 号
邮政编码　130118
电　　话　0431-81629800
传　　真　0431-81629812
印　　刷　永清县晔盛亚胶印有限公司
版　　次　2020 年 4 月第 1 版
印　　次　2021 年 10 月第 2 次印刷
字　　数　100 千字
开　　本　720mm × 1000mm　1/16
印　　张　8
书　　号　ISBN 978-7-5581-9479-5
定　　价　36.00 元

版权所有　翻印必究

全民健身计划系列丛书

编委会

主编

王月华　张　颖

副主编

方　方　范美艳

编者

丁雪飞　于　洋　王小亮　王月华
王玞玥　王思臻　方　方　文博洋
丛广惠　白赞路　许沂铭　张　颖
张艳玲　张　月　张彦杰　张　楠
宋丽颖　苏雅娟　范美艳　唐　堃
董诗雨　董博宇　李　兵　吕国宏
杜　洋

《搏击操》
编写人员

徐文峰　王世涛

前 言

党的十九大报告指出："广泛开展全民健身活动，加快推进体育强国建设。"当全民健身上升为国家战略后，日常参与健身的人群将日益扩大，大家将以各种方式强健体魄，获得感和幸福感油然而生。

面对这样可喜的局面，吉林出版集团股份有限公司青少年书刊出版发行事业部和吉林体育学院编写组共同策划、编写了"全民健身计划系列丛书"。

"全民健身计划系列丛书"能够顺应国家有关体育的大政方针，把握时代脉搏，对指导大众健身有很好的促进作用。丛书图文并茂，实用性强，力争有所创新，包括球类运动、体操健身运动、传统武术、体育舞蹈、休闲运动、格斗运动和民间体育活动等项目，通过高清图片分解健身步骤，使读者用简单易行的锻炼方式达到良好的健身效果。读者在学习的过程中，不仅能够掌握运动健身的方法，还能够学到保健方面的基本知识。

吉林体育学院的老师作为专业的体育工作者，把高等院校的理论资源转化为实践成果，使"全民健身计划系列丛书"更加具有权威性、科学性、实用性，也更贴近健身人群的需求。

希望本丛书能为社会各界热爱健身的人士提供指导与帮助。

目　录

1 第一章 概述

搏击操是有氧操的一种，它结合了拳击、泰拳、跆拳道、散打和太极拳的基本动作，遵循健美操的最新编排方法，在强有力的音乐节拍下，达到锻炼身体的目的。

第一节　起源与发展

搏击操是一种充满激情和力量的有氧健身操。它能够使练习者在重音乐的刺激下宣泄情绪，有助于练习者塑造自信、奔放的性格，非常适合时下追求时尚的年轻人练习。搏击操诞生之后很快在世界各地发展起来。

一、起源

搏击操又称有氧搏击操，最早是由美国的搏击选手与职业健身操运动员推出的。它结合了拳击、泰拳、跆拳道、散打和太极拳的基本动作，甚至将一些舞蹈动作混合在一起，并配合强劲的音乐，成为一类风格独特的健身操。

搏击操运动追求速度与力量的完美结合，要求练习者随着音乐出拳、踢腿，在不知不觉中减掉多余的脂肪。它富于爆发力和刺激性，经过一段时间的锻炼可使练习者精力旺盛，更有力量。同时，搏击操具有很高的观赏价值，动作得当会给人以赏心悦目之感。

二、发展

近几十年来，随着健身热遍及全球，搏击操也已风靡世界，成为人们时尚健身运动的首选项目之一。

（一）传播

最初，搏击操运动从国外传到中国时，专业拳击运动员一边练动作一边听音乐，以缓解枯燥乏味的氛围，调动练习的情绪。后来，这种锻炼形式被引进健身房，搏击操运动就此发展起来，受到很多年轻女性的青睐。真正的搏击操运动通过很多拳击动作来体现，融合多种元素，并配以音乐来完成。

（二）发展趋势

现代社会，人们的工作、生活压力普遍较大，搏击操可有效缓解身心负荷，加上它的动作相对简单，因此越来越多的人选择搏击操作为锻炼方式。但搏击操因练习强度较大，所以不适合在年龄较大的人群中开展，最适合练习的人群是脂肪堆积比较多的年轻女性，在燃烧热量的同时，还可以锻炼身体各个部位，达到健身、健美的效果。

随着我国经济的持续发展，人民生活水平不断提高，健康已经成为人们追求高质量、高品质生活最关心的话题。尤其是《全民健身计划纲要》实施以来，全民健身运动在国内蓬勃发展，中国特色全民健身体系框架已经初步形成，越来越多的人重视并参与到健身运动中来。搏击操以其独特的魅力，发展成为全民健身运动中不可缺少的重要组成部分。

第二节 场地和装备

搏击操运动对场地和装备的要求并不高，但是高质量的场地是运动顺利开展的前提，而良好的装备则是练习者发挥较高技术水平的必要保证。

一、场地

一般情况下，搏击操可以在普通场地进行，但是高水平的训练应该在健身馆中进行，以保证练习者动作的舒展，避免发生运动损伤。

（一）普通场地

1. 规格

普通场地较为灵活，平坦干净的水泥地、混凝土地和沥青地都可以。

2. 要求

场地应空旷、通风。

（二）健身馆

1. 规格

健身馆应保持干净，地面最好是专业地板。

2. 设施

健身馆一定要有镜子，这样练习者可以在镜前练习，及时纠正自己的错误动作。表现力较好的练习者可以在镜前一边练习一边欣赏自己优美的动作。

3. 要求

(1) 健身馆的光线必须充足并且通风条件良好。

(2) 地面应经常打扫并保持整洁。

二、装备

练习搏击操时最好穿专业的体操服和体操鞋，这样既有利于增强动作的表现力与美感，又可避免发生不必要的运动损伤。

(一) 服装

1. 款式

服装应随季节的变化而调整。夏天炎热，宜穿两节式健身服或体操服；冬天寒冷，要注重服装的保暖效果，最好在练习的前半段穿较厚的运动外套，等身体完全发热后再换穿健身服或体操服。见图 1-2-1。

图 1-2-1

2. 要求

(1) 由于搏击操练习的运动量较大，练习者的体温升高较快，排汗量较多，因此应选择吸汗效果好的训练服。

(2) 搏击操的动作幅度较大，应选择弹性好的紧身运动衣裤。

(3) 如参加正规比赛，服装应统一且自然大方。

(二) 鞋

鞋最好选用标准的体操运动鞋，也可以用底部较软的运动鞋代替。见图 1-2-2。

图 1-2-2

(三) 手套

手套能够帮助练习者有效地并拢手指，使得出拳时更有力，所以练习者须戴上手套。见图 1-2-3。

图 1-2-3

2 第二章 运动保健

体育运动对增强体质、预防疾病和促进人体健康具有良好的作用。但是,并非所有人做相同的运动都会达到同样的效果。对于同一种运动负荷,不同的人机体反应差异很大。即使是同一个个体,在不同时期、不同机能状态下,对同一负荷的反应及收到的效果也是不一样的。因此,对于不同个体,应制定适合其机能需要的运动强度、时间、频率和持续周期。从事体育锻炼一定要讲究科学性,使机体最大限度地获得运动价值,使某些疾病得到有效的防治或祛除。

第一节 自我身体评价

自我身体评价是指根据个体的不同情况,以及简单的功能评定标准,对锻炼者进行身体评价,并以此为依据,确定具体的锻炼内容。

一、适宜人群

体适能是全身适应性的一部分,是人体对现代生活的适应能力。为了促进健康、预防疾病、提高生活质量和工作学习效率,几乎所有人都可以追求健康体适能,而且经过简单的评价和测试,均可以成为目标人群,即适宜人群。

(一)健康体适能评价标准

健康体适能是指身体有足够的活力和精力处理日常事务,不会感到过度疲劳,并且还有足够的精力去享受休闲活动或应付突发事件。

健康体适能是确定锻炼者是否为运动适宜人群的主要依

据。目前的评价标准主要包括国民体质测定标准、学生体质测定标准和普通人群体育锻炼标准等。

国民体质测定标准主要包括形态指标、机能指标和素质指标 3 部分，各项指标的测定结果为 1 ～ 5 分，共 5 个级别。凡各项指标达不到 4 分或 5 分者，均应纳入健身人群。

学生体质测定标准分为优秀、良好、及格和不及格 4 个级别。优秀水平以下者，均应被纳入健身人群。

普通人群体育锻炼标准分为 5 个级别，凡达不到 4 分或 5 分者，均应纳入健身人群。

(二)简易运动功能评定

简易运动功能评定的目的在于确定锻炼者有无运动禁忌症或临时运动禁忌，即是否适合参加体育锻炼，以防万一，避免意外事故发生。目前通行的方式为 3 分钟踏台阶测试。

1. 目的

测试锻炼者运动后心率恢复情况，以评估其心肺功能。

2. 器材

30 厘米高的长凳、节拍器、秒表和时钟。见图 2-1-1。

3. 步骤

(1) 节拍器设定为每分钟 96 次，测试者依“上上下下”的节拍运动 3 分钟，每次踏上台阶应达到直膝，而且先踏上的脚先落下。

(2) 测试者完成 3 分钟踏台阶后，5 秒钟内开始测量脉搏，时间为 1 分钟，记录下心率，并依据表 2-1-1 评价功能水平。

(3) 运动后心率越低，证明心肺功能越好，在运动强度允许的范围内，锻炼者可选择运动强度的较高值来进行运动。

4. 注意事项

如测试者经过努力仍无法达标，或出现头晕、胸闷、出冷汗等症状，应立即终止测试。运动中应特别考虑运动强度，以防止出现意外。

图 2-1-1

表 2-1-1（单位：次 / 分钟）

	年龄(岁)	欠佳	尚可	一般	良好	优异
男士	18~25	>115	105~114	98~104	89~97	<88
	26~35	>117	107~116	98~106	89~97	<88
	36~45	>119	112~118	103~111	95~102	<94
	46~55	>122	116~121	104~115	97~103	<96
	56~65	>119	112~118	102~111	98~101	<97
	65+	>120	114~119	103~113	96~102	<95
女士	18~25	>125	117~124	107~116	98~106	<97
	26~35	>128	119~127	111~118	98~110	<97
	36~45	>128	118~127	110~117	102~109	<101
	46~55	>127	121~126	114~120	103~113	<102
	56~65	>128	118~127	112~117	104~111	<103
	65+	>128	122~127	115~121	101~114	<100

二、锻炼目标

锻炼目标应根据锻炼者不同的身体状况来确定，可分为近期目标和远期目标。此外，确定锻炼目标还应结合锻炼者的运动意向、愿望、兴趣，以及本人的健康状况等因素来进行。

（一）近期目标

近期目标是指锻炼者初期应达到的目标。在进行运动前，应首先明确锻炼目标，即近期目标。选择一两个健康体适能构成要素，作为未来两个月内努力完成的目标，而且应从成功概率较高的构成要素开始，并将预期两个月后要达到的目标做上记号，如提高某个或某些关节的活动幅度，增强某块肌肉或某肌肉群的力量等。

（二）远期目标

远期目标是指锻炼者最终要达到的目标。实践证明，经过科学合理的锻炼，锻炼者是可以达到一般的远期目标的，如提高心肺功能，使其达到优秀的等级，或达到降血脂和防治高血压、冠心病的目的等。

三、运动负荷

运动负荷即运动量。怎样控制运动量、合适的运动时间是多少等，一直是有争议的问题。但有一点是可以肯定的，任何的意见和建议，都需要综合考虑锻炼者的身体状况和所要达到的目标，并以此为依据来制订科学的身体锻炼计划。

(一)运动强度

在运动过程中，运动强度过小，无法达到锻炼效果；运动强度过大,不仅达不到最佳的锻炼效果,还可能产生一些副作用，甚至出现意外事故。确定运动强度有两种方法，即心率简易推测法和主观感觉疲劳分级表推测法。

1. 心率简易推测法

(1) 年龄在 20 岁左右的年轻人，身体健康，能坚持体育锻炼，欲进一步提高身体机能，可取最大心率值（最大心率值=220- 年龄）的 65% ～ 85%。

(2) 年龄在 45 岁以下，身体基本健康，有运动习惯者，开始进行健身锻炼,可取最大心率值的 65% ～ 80%;没有运动习惯者，开始进行健身锻炼，可取最大心率值的 60% ～ 75%。

(3) 年龄在 45 岁以上，身体基本健康，有运动习惯者，开始进行健身锻炼，可取最大心率值的 60% ～ 75%；没有运动习惯者，建议根据自身情况咨询专业人员来指导和确定运动强度。

2. 主观感觉疲劳分级表推测法

运动的疲劳程度大致分为 10 级，具体为：0 ～ 1 级，没感觉；2 ～ 3 级，尚轻松；4 ～ 5 级，稍累；6 ～ 7 级，累；8 ～ 9 级，很累；10 级，精疲力竭。因此，健身锻炼的运动强度应控制在主观感觉疲劳程度的 4 ～ 7 级之间。

(二)运动频率

运动频率是指每日及每周锻炼的次数。一般每周锻炼 3 ～ 4 次，即隔日锻炼 1 次即可。充足的休息时间可使机体得到充分的休息，能收到更好的锻炼效果。

(三)运动持续时间

运动强度和运动持续时间决定了一次锻炼的运动量和热量消耗。运动持续时间与运动强度成反比，运动强度大，运动持续时间可相应缩短；运动强度小，则运动持续时间相应延长。一般的健身锻炼，运动持续时间以每天 20 ～ 60 分钟为宜，其中包括准备活动时间、健身锻炼时间和整理活动时间。每次健身锻炼应在 20 分钟以上，锻炼可一次性完成，也可分段进行，但每段活动时间应在 10 分钟以上。

第二节 运动价值

运动价值是人们一直在探讨的问题。一般认为，运动具有两个方面的价值，即健身价值和心理价值。身体和精神的健康是相互依存的，伴随着身体功能的改善，精神状况也能同时得到改善。

一、健身价值

健身价值在于提高体适能。体适能包括心肺耐力素质、肌肉力量素质、柔韧性素质和身体成分等。体适能的发展是积极从事锻炼的结果，只有规律性的体育锻炼才能达到最佳的体适能。

（一）提高心肺耐力素质

心肺耐力是指全身肌肉进行长时间运动的持久能力，是体内心肺系统对身体各细胞的供氧能力。人体的心脏、肺、血管、血液等组织的功能是心肺耐力的基础，与氧气和营养物质的输送以及代谢物的清除有关。健全的心肺功能是健康的基本保证。

系统的体育锻炼，可以使心肌增厚，收缩力加强，心室容积增大，从而使心脏的泵血功能增强，表现为心血输出量增加，心脏的能力得到提高。

系统的体育锻炼，也可使呼吸系统机能得到提高，表现为呼吸肌力量增强，肺活量、肺通气量明显增加，呼吸系统的工作能力提高，同时还提高了向机体供氧的能力。

系统的体育锻炼，可以促进血管系统的形态、机能和调节能力，提高机体的工作能力。

系统的体育锻炼，可以使血液系统产生某些适应性变化，如血容量增加、血黏度下降、红细胞膜弹性增强、红细胞变形能力增强等。

（二）提高肌肉力量素质

肌肉力量是指肌肉最大收缩产生的对抗阻力或负荷的能力。肌肉力量只有达到一定程度，才能克服外界阻力，而克服外界阻力是维持日常生活自理能力，从事各种劳动和运动的必要前提。

系统的体育锻炼，可以提高肌肉的生理横断面积，改善神经系统对肌肉收缩的支配功能，还可以提高肌肉内代谢物质的储备量，以有效地提高肌肉质量，使肌肉力量得到提高。

（三）提高柔韧性素质

柔韧性是指人体各关节的活动幅度，即关节的肌肉、肌腱和韧带等软组织的伸展能力。柔韧性对于保证正常生活质量、维持正常体态、预防损伤发生和减轻损伤程度等方面均起着至关重要的作用。

通过系统的体育锻炼，可以延缓因年龄因素而导致的身体柔韧性下降，预防因缺乏运动而导致的关节结构、周围软组织和膝关节肌肉退化，从而使锻炼者在日常生活、劳动和运动时充满活力。

（四）改善身体成分

身体成分是指人体体重中的脂肪组织和去脂组织的重量百分比。身体成分中的脂肪成分增加，肌肉成分必然下降。身体中不具备收缩功能的脂肪组织增加，必然导致身体进行各种活动的能力下降、基础代谢水平降低和肥胖症、冠心病、高血压、糖尿病、高血脂等慢性疾病发病率的升高。因此，合理的身体成分是保证人体健康的重要内容之一。

系统的体育锻炼可以使锻炼者的体质得到增强，这样，热量消耗便会随之增加，进而燃烧体内多余的脂肪，使身体成分得到改善。而身体成分的改善，又可以减少体重对关节带来的不利影响，还可以使肥胖者的心理状况得到改善，增强其自信心，逐步建立健康的生活方式。

二、心理价值

研究证明，体育锻炼不但可以使锻炼者增强体质、促进身体健康、预防慢性疾病，还可以提高锻炼者的生活满意度和生活质量，对其心理健康产生明显的积极影响。

体育锻炼的心理健康效应主要表现在以下 6 个方面：

（一）改善情绪状态

1. 短期效应

研究发现，体育锻炼对人的情绪状态具有显著的短期效应。运动后人们的焦虑、抑郁、紧张和心理紊乱程度显著减轻，而精力和愉快程度则显著增强。这种情绪的迅速变化，与锻炼者个体的健康状况、活动形式和活动强度等有直接的联系。

2. 长期效应

体育锻炼对人情绪的长期效应有直接影响，与不锻炼者相比，有规律的锻炼者在较长时期内很少会产生焦虑、抑郁、紧张和心理紊乱等情绪。

（二）完善个性行为特征

人的行为特征一般可以分为两种类型，用 A 型行为特征和 B 型行为特征来表示。A 型行为特征主要表现为性情急躁、争

表 2-2-1 A、B 型行为特征表现

A 型行为特征者常见表现	B 型行为特征者常见表现
约会从来不迟到	对约会很随便
竞争意识很强	竞争意识不强
别人要讲话时总爱抢先或插话	别人讲话时是很好的听众
总是匆匆忙忙	即使有压力也从不匆忙
等待时缺乏耐心	能够耐心等待
做事全力以赴	处事漫不经心
同时想做很多事	在一定时间里只做一件事情
讲话喜欢加重语气，甚至敲桌子	讲话语速缓慢、不慌不忙
做了好事希望能得到别人的承认	只要自己满意即可，不管别人怎么想
吃饭、走路都很快	没什么业余爱好
不善与人相处	为人随和
容易暴露自己的情感	能控制自己的感情
具有广泛的兴趣	满足于目前的工作和学习状况
胸怀雄心壮志	做事情很慢

强好胜、容易激动、整天忙碌等；B 型行为特征主要表现为不好竞争、不易紧张、不赶时间、待人随和、喜欢自由自在等。具有 A 型行为特征的人由于过度紧张的情绪反应，会引起内分泌失调，增加心脏病发病的概率。目前的一些研究主要集中在体育锻炼对改变 A 型行为特征的作用方面。研究结果表明，有规律的体育锻炼能明显改变 A 型行为特征，使其发生显著的积极变化。见表 2-2-1。

（三）确立良好的自我概念

自我概念是指个体对自己身体、思想和情感的主观整体评价，由许多自我认识组成，包括我是什么人、我主张什么和我喜欢什么等。

坚持体育锻炼，可以使锻炼者体格强健、精力充沛、提高驾驭身体的能力，从而改善对自身的满意程度，确立良好的自我概念。

（四）改变睡眠模式

根据脑电图显示，人的睡眠可以分为两种状态，即慢波睡眠状态和快波睡眠状态，前者为浅度睡眠状态，后者为深度睡眠状态。一夜之间两种睡眠状态会交替发生 4 ～ 5 次。

有规律的体育锻炼不仅对慢波睡眠有改善作用，而且能缩短入眠的潜伏期，延长睡眠时间。

（五）改善认知能力

体育锻炼还能改善人的认知过程，避免反应时间过长、注意力不集中和思维混乱等症状的发生，尤其对老年人认知能力的改善效果更为明显。

（六）增强心理治疗效应

体育锻炼被公认为是心理治疗的好方法。目前，人群中常见的心理疾病是抑郁症和焦虑症。研究发现，体育锻炼是治疗抑郁症的有效手段之一。抑郁症患者经过有规律的体育锻炼，能显著减轻症状。

体育锻炼还具有治疗焦虑症的作用，通过有规律的体育锻炼，锻炼者的焦虑症状可以得到明显缓解。

第三节 运动保护

在运动过程中，人体机能会随时发生变化。因此，应针对这个特点来进行体育锻炼，也就是我们所说的运动保护。运动保护一般包括运动前准备、运动后放松和自我养护 3 个方面。

一、运动前准备

准备活动是指在正式运动之前进行的有目的的身体练习。做好充分的准备活动，可以缩短机体进入最佳状态的时间，同时还可以预防运动损伤的发生，为机体发挥最大的工作效率做好功能上的准备。

(一) 准备活动的作用

1. 提高中枢神经系统兴奋状态

(1) 使大脑反应速度加快，参加活动的运动中枢神经间相互协调。

(2) 为正式运动时生理机能达到适宜程度提前做好准备。

2. 提高机体代谢水平

(1) 准备活动可以使锻炼者体温升高，降低肌肉黏滞性，使肌肉的伸展性、柔韧性和弹性增强，从而有效预防运动损伤的发生。

(2) 准备活动可以增强体内代谢酶的活性，使物质代谢水平提高，以保证运动时有较充分的能量供应。

3. 克服内脏器官生理惰性

(1) 准备活动可以提高心血管系统和呼吸系统的机能水平，使肺通气量及心血输出量增加。

(2) 可以使心肌和骨骼肌的毛细血管扩张，使其工作肌获得更多的氧，从而克服内脏器官的生理惰性，使之尽快达到最佳状态。

4. 增加皮肤毛细血管血流量

准备活动可以使皮肤毛细血管的血流量增加，运动后毛细血管扩张，有利于散热，降低体温，有效防止正式活动时由于体温过高而影响运动能力。

(二) 准备活动的要求

1. 准备活动的时间

(1) 准备活动的时间可以根据运动项目的具体情况确定，一般以 10 ～ 30 分钟为宜。

(2) 准备活动与正式运动的间隔时间，一般以不超过 15 分钟为宜，可以在做完准备活动后立刻进行正式运动。

2. 准备活动的强度

(1) 准备活动的强度和量应较正式运动小，以免引起疲劳。

(2) 准备活动的量可以由心率决定，心率以 100 ～ 120 次 / 分钟为宜。

(三) 一般性准备活动

一般性准备活动的内容多以伸展运动开始，然后进行一般性的跑步、徒手体操等活动。

下面介绍一套常用的一般性准备活动操，供锻炼者运动前使用。这套活动操主要包括头部运动、肩部运动、扩胸运动、体侧运动、体转运动、髋部运动和踢腿运动等。

1. 头部运动

两手叉腰，两脚左右开立，做头部向前、向后、向左、向右，以及绕环运动。见图 2-3-1。

图 2-3-1

2. 肩部运动

手扶肩部，屈臂向前、向后绕环，以及直臂绕环。见图 2-3-2。

图 2-3-2

3. 扩胸运动

屈臂向后振动及直臂向后振动。见图 2-3-3。

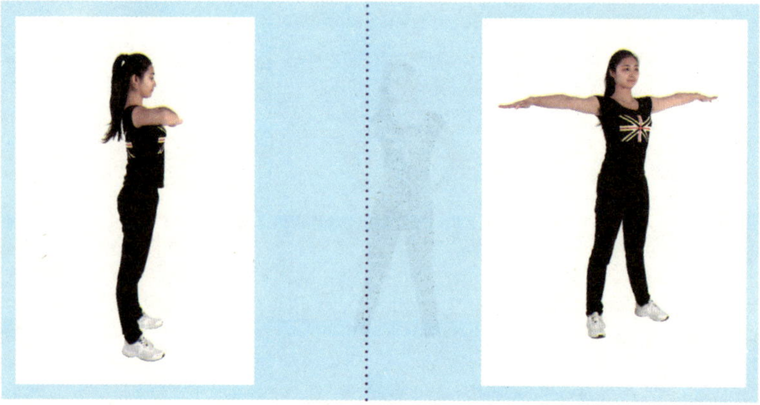

图 2-3-3

4. 体侧运动

两脚左右开立，一手叉腰，另一臂上举，并随上体向对侧振动。见图 2-3-4。

图 2-3-4

5. 体转运动

两脚左右开立，两臂体前屈，身体向左、向右有节奏地扭转。见图 2-3-5。

图 2-3-5

6. 髋部运动

两脚左右开立，两手叉腰，髋关节放松，向左、向右 360 度旋转。见图 2-3-6。

图 2-3-6

7. 踢腿运动

两臂上举后振，同时一腿向后半步，重心置于前腿，两臂下摆后振，同时向前上方踢腿。见图 2-3-7。

图 2-3-7

二、运动后放松

运动后放松是指运动后进行的一些能够加速机体功能恢复的、较轻松的身体活动。与运动前的准备活动相反，其目的是使锻炼者的生理机能水平逐步得到恢复。

(一) 放松方法

1. 运动性手段

(1) 运动结束后，锻炼者可采用变换运动部位的方法来消除疲劳，如上肢出现疲劳时可做一些慢跑运动，下肢出现疲劳时，可做一些上肢运动。

(2) 转换运动类型也是一种不错的放松方法，如打羽毛球出现疲劳时可做瑜伽来达到放松的目的。

(3) 还可以用调整运动强度的方法来缓解疲劳，如可以在放松过程中，采用小强度的轻微运动方法等。

2. 整理活动

(1) 整理活动是指运动后所做的一些能够加速机体功能恢复的身体活动，如剧烈运动后进行 3 ～ 5 分钟慢跑或其他整理活动，使身体机能得以恢复。

(2) 剧烈运动后若不做整理活动而骤然停止动作，会影响氧气的补充和静脉血的回流，使机体血压降低，引起不良反应。见图 2-3-8。

(二) 注意事项

1. 在进行整理活动时动作应缓慢、放松，运动量不要过大，否则会引发新的疲劳。

2. 在进行整理活动时，应当保持心情舒畅、精神愉悦。

图 2-3-8

三、自我养护

锻炼后，锻炼者感觉身体疲劳是一种正常的生理现象，是体育锻炼过程中的正常反应。随着体育锻炼时间的延长，疲劳症状自然会消失。运动性疲劳出现后，锻炼者如果采用一些自我养护措施，可以加速身体机能的恢复，尽快消除疲劳，提高锻炼效果。常见的自我养护方法主要包括运动后休息、合理营养和物理手段。

（一）运动后休息

1. 静止性休息

(1) 静止性休息是指锻炼者运动后保持机体相对静止的状态，以促进身体机能恢复，尽快消除疲劳。

(2) 静止性休息的最佳方式是睡眠，特别是刚开始从事锻炼者，身体不适应或疲劳症状明显时，更应该保证充足的睡眠，否则，锻炼者虽然积极参加了体育锻炼，但收效甚微，甚至会导致过度疲劳症状的发生。

(3) 静止性休息更适合消除全身运动导致的整体疲劳症状。见图 2-3-9。

图 2-3-9

2. 积极性休息

(1) 积极性休息更适合由于少量肌肉群参与工作而导致的局部疲劳，或运动强度较大而导致的快速疲劳。

(2) 积极性休息可以加速血液循环，有利于代谢物排出体外，对促进身体机能的恢复具有明显的效果。见图 2-3-10。

图 2-3-10

(二) 合理营养

小强度、长时间的运动形式，主要是靠糖原的有氧代谢提供能量。运动后应及时补充淀粉类食物，如面粉、大米等，以促进糖原的合成。随着人民生活水平的提高，在饮食结构中，肉类食品的比重不断增加，而淀粉类食品的比重逐渐减少，这一现象应当引起人们的注意。特别是老年人参加体育锻炼，更应注意对淀粉类食物的补充。

强度较大、时间又相对较长的运动形式，主要是靠糖原的无氧代谢提供能量。这样，糖原无氧代谢产物——乳酸便会在体内大量堆积。因此，运动后应多补充蔬菜、水果等碱性食品，以加速乳酸的清除，尽快消除疲劳。见图 2-3-11。

图 2-3-11

（三）物理手段

1. 按摩及牵拉

（1）通过按摩刺激神经末梢、皮肤结缔组织和毛细血管，可以使紧张的肌肉得以放松，从而改善局部组织，加速全身的血液循环，达到促进身体机能恢复的目的。这种方法可以在锻炼后马上进行。

（2）此外，还可以采取缓慢牵拉肌肉的方法，使收缩的肌肉得到充分的伸展放松。见图 2-3-12。

图 2-3-12

2. 水疗及电疗

（1）水疗包括芬兰式蒸汽浴、热水浴和桑拿浴等多种形式，主要作用是通过提高体温促进血液循环，清除代谢物，以达到尽快消除疲劳、恢复体力的目的。

（2）水疗的时间一般以不超过 30 分钟为宜，如果时间过长，会进一步消耗体力，严重时甚至会出现暂时性脑缺血现象。

（3）如果条件允许，还可以对疲劳的肌肉进行低频治疗。低频治疗仪的原理是模拟针灸疗法，使用时将电极用不干胶对称地粘贴在运动部位表皮上。这种疗法可以促进局部血液循环，改善组织代谢，缓解肌肉酸痛，消除疲劳。

3 第三章 基本技术

在搏击操练习中，为了安全起见，了解并坚持所有正确的规定技术和指导是非常必要的。要想了解搏击操，并通过练习搏击操达到健身的目的，就必须掌握其基本技术。搏击操的基本技术包括技术标准与安全规则、基本动作、基本进攻技术和组合动作等。

第一节 技术标准与安全规则

技术的标准决定了练习的效果，安全规则更是为了让搏击操在安全的范围内达到更好的健身效果。

一、技术标准

技术标准是练习搏击操时非常重要的部分，搏击操的技术标准主要由呼吸、控制和幅度等构成。

（一）呼吸

呼吸应随练习者所做的技术动作而调整。拦挡时吸气，踢腿和击拳时呼气。正确的呼吸可以在运动中给我们的身体带来更大的动力，从而更好地提高心肺耐力和心肺功能。

（二）控制

如果练习搏击操的过程中练习者的动作失去控制，则肌肉、肌腱拉伸过度，引起受伤的可能性会随之增大。搏击操中的肌肉运动意识需逐步培养。在完成所有的动作时，为了在整个过程中保持适当的控制，要求扎稳马步。所有正面及侧面的动作，都要求重心在两脚中间。

（三）幅度

对搏击操练习者而言，踢腿的幅度须加以限制。不提倡将腿踢到与地面平行以上的位置。对踢、击、打及挡等动作需加以控制，尤其在开始及结束阶段。见图 3-1-1。

图 3-1-1

二、安全规则

练习搏击操时，大幅度的踢腿会产生很强的力度，如果动作不当，易导致关节、韧带和肌肉受伤。为了做出安全的踢腿动作，练习前须告知练习者安全踢腿的最大幅度。此最大幅度的定义为：可在 5 秒钟内保持等量控制的腿部拉伸动作（外展、弯曲、延展）的最大幅度。所有剧烈的踢腿和击拳动作，在结束阶段会产生强劲的力度，这一力度不能被膝关节、肘关节的生理结构吸收。因此，一定要通过收缩拮抗肌，主动停住踢、打，来吸收这一力度。

（一）收腿

搏击操中所有直线攻击、踢腿动作都要沿原轨迹收回，避免过长的杠杆回摆。扫腿和击拳经最短的直线轨迹，收回到起始防卫姿势。见图 3-1-2。

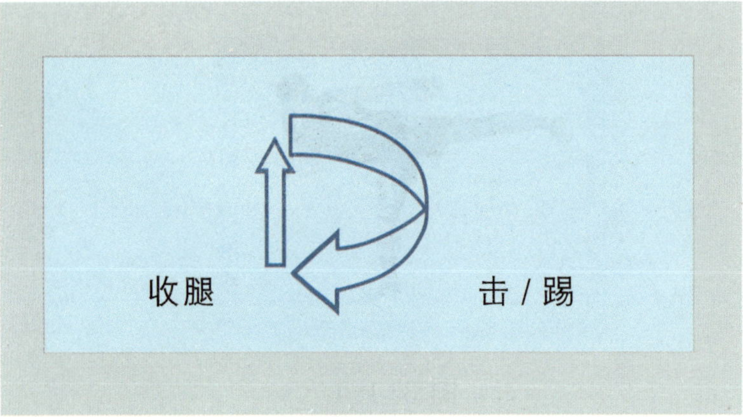

图 3-1-2

（二）外形

在整个搏击操练习过程中，练习者都须保持适当的技术水准，即标准的动作外形。通常在开始时，练习者动作技术水平较高，而一旦疲劳袭来，外形就会走样。因此，标准的动作外形决定了练习的效果。

（三）注意事项

除非有医师推荐，否则患有膝关节炎的练习者不宜练习搏击操。任何臀部不稳健人士也不应练习。任何近期动过膝、臀手术或曾受伤者在练习前应取得医生的许可证明。

(四)强度选择

搏击操是一项极为灵活的健身运动。练习者只需要通过增减动作的幅度和速度，就可以自行调节训练的强度。初学者应从低强度训练开始，随着力量适应能力的增强，踢腿幅度可相应加大。建议在逐渐加大踢腿幅度之前，先练就基本技术。年纪较大并且习惯久坐、有伤未愈或有其他健康问题的练习者，应取得医生的许可证明。

第二节 基本动作

搏击操是强调实效和安全的运动项目。为了练习的效果和安全，练习者需要从最基础的动作学起。基本动作包括基本站姿、躲闪姿势和移动步法等。

一、基本站姿

基本站姿是搏击操练习的基础，完美的姿势由基本站姿开始。在搏击操练习中，练习者需要由一个正确的静止姿势发起踢腿、拦挡和击拳动作，并在整个动作过程中保持姿势。基本站姿包括正面站姿和格斗站姿等。

图 3-2-1

（一）正面站姿

1. 动作方法

（1）两脚分开，与一个半肩同宽，以保持平稳，脚趾向前，两脚跟呈一条直线，两肩保持正中。

（2）两膝略屈，背脊位于正中，收腹。见图 3-2-1。

2. 技术要点

（1）在整个动作过程中，头部位于

正中，身体重心在两腿之间，目视前方，收紧核心部位，两拳不要挡住视线。

(2) 在攻击或防卫动作前，以正面的姿势站好。

3. 错误纠正

练习时易出现重心不稳，两肩过于紧张等问题。因此，应把身体重心放在两腿之间，肩膀不要过于紧张。

(二) 格斗站姿

1. 动作方法

(1) 两脚前后站立在一条斜线上，身体略转，重心在两腿之间，两腿承受身体的重量相等，以保持平稳，脚趾向前，后脚侧转45度。

(2) 两膝略屈，脊柱保持正中，收腹。见图3-2-2。

2. 技术要点

需要向各方向快速移动时采用格斗站姿。

3. 错误纠正

练习时易出现两脚前后站在一条直线上，肘关节过度外展等问题。因此，应使身体略转，后脚侧转45度，肘关节夹紧，两肩下沉。

图 3-2-2

二、躲闪姿势

躲闪姿势是指在搏击操中为展现良好的防御和击拳技术时，手、臂和头的正确姿势。良好的平衡性、中心控制和核心力量是快速做出防御动作的基础。躲闪时，注意不要移动太多，以保持平衡，并能做出反击。躲闪姿势包括下蹲躲闪、绕动躲闪和侧下躲闪等。

（一）下蹲躲闪

1. 动作方法

正面站姿或格斗站姿，然后快速半蹲，降低上体。见图 3-2-3。

图 3-2-3

2. 技术要点

完美的下蹲躲闪动作中，身体应保持良好的平衡性，同时手臂在头两侧护住头，夹紧肘关节。

3. 错误纠正

练习时易出现身体向后而不向下移动，或向前屈而不保持脊柱正中等问题。因此，应注意保持身体重心的稳定。

（二）绕动躲闪

1. 动作方法

正面站姿或格斗站姿，快速半蹲至一侧，降低上体，并移动身体重心。见图 3-2-4。

2. 技术要点

（1）保持核心稳定和脊柱正中。

（2）这种技术主要用于对抗环形攻

击，如勾拳或甩击等。

3. 错误纠正

练习时易出现身体向后而不向下移动，或向前屈而不保持脊柱正中等问题。因此，应注意保持身体重心的稳定。

图 3-2-4

图 3-2-5

(三)侧下躲闪

1. 动作方法

由格斗站姿侧转臀部，屈膝，降低身体，整个动作过程中保持防御的姿势，脊柱正中，收腹。见图 3-2-5。

2. 技术要点

(1) 身体保持重心稳定，移动时上体不要过于向后。

(2) 这种技术主要用于对抗直线形攻击，如猛刺和横打等。

3. 错误纠正

练习时易出现身体重心不稳、上体过于向后等问题。因此，应保持身体重心稳定，上体不要过于后仰。

三、移动步法

在搏击操中，移动步法主要是根据攻防的需要，以及健身的目的，调整站姿和移动位置，实施套路和规定动作的练习。移动步法是搏击操练习的基础，它的运用要突出合理、灵活、快速、多变的特点，并与攻防动作紧密配合。搏击操的移动步法包括滑步、上步、撤步、跳换步、交叉跳步、插步和垫步等。

(一)滑步

★前滑步

1. 动作方法

格斗站姿，右脚蹬地，左脚向前上半步，落地时左脚掌先着地，而后右脚再向前跟进半步。见图 3-2-6。

2. 技术要点

移动时两脚距离保持不变，两脚离地不要太高，进步要稳，跟步要快。

3. 错误纠正

向前滑步时易出现身体重心过于向前等问题。因此，练习时应收紧腹部，保持重心。

图 3-2-6

★后滑步

1. 动作方法

格斗站姿，左脚蹬地，右脚先后退半步，落地时右脚掌先着地，随之左脚向后跟半步，落地后保持格斗站姿不变。见图 3-2-7。

2. 技术要点

右脚退步距离不宜过大，右脚退多大距离，左脚要跟多大距离，借助蹬地的反作用力加快移动速度。

3. 错误纠正

向后滑步时易出现身体重心过于向后等问题。因此，应收紧腹部，保持重心。

图 3-2-7

（二）上步

1. 动作方法

格斗站姿，以左脚掌为轴向外转，右脚蹬地向前上步，呈右实战姿势站立。见图 3-2-8。

2. 技术要点

动作协调，要有整体性，上步要快。

3. 错误纠正

上步时易出现重心过高、身体不稳等问题。因此，上步脚不应离地过高。

图 3-2-8

（三）撤步

1. 动作方法

以左脚前格斗站姿为例，以右脚为轴向内转，左脚向后撤步，呈右格斗站姿站立。见图 3-2-9。

2. 技术要点

动作协调，撤步要快。

3. 错误纠正

撤步时易出现重心过高、身体不稳等问题。因此，撤步脚不应离地过高。

图 3-2-9

(四)跳换步

1. 动作方法

左脚前呈格斗站姿，左右脚同时离地，以腰部力量带动两腿跳起，两腿位置互换，落地后呈右脚前格斗站姿。见图 3-2-10。

2. 技术要点

格斗站姿跳换步时，动作要灵活，弹跳不宜过高。

3. 错误纠正

练习时易出现膝关节与踝关节没有弹动等问题。因此，应加强对膝关节与踝关节的弹动训练。

图 3-2-10

(五)交叉跳步

1. 动作方法

格斗站姿，两脚同时跳起，跳成前后交叉步。见图 3-2-11。

2. 技术要点

身体重心始终在两腿之间，整个动作要协调一致。

3. 错误纠正

练习时易出现跳步动作不协调等问题。因此，应协调好身体，增强身体稳定性。

图 3-2-11

（六）插步

1. 动作方法

格斗站姿，左脚不动，右脚由左脚后侧向前上步，呈交叉状。见图 3-2-12。

2. 技术要点

动作要协调一致。

3. 错误纠正

练习时易出现上身随腿侧转等问题。因此，应注意保持身体核心部位的稳定。

图 3-2-12

（七）垫步

1. 动作方法

（1）格斗站姿，重心前移，右脚蹬地，向左脚内侧并拢，随即左腿屈膝提起，根据情况使用前踢、侧踹腿等腿法。

（2）上动不停，在使用腿法的同时，支撑腿随踢（踹）腿向前再垫出一步，脚跟斜向前方。见图 3-2-13。

2. 技术要点

右脚向左脚并拢要快，转脚要快，动作连贯。

3. 错误纠正

练习时易出现上身随腿侧转等问题。因此，应注意保持身体核心部位的稳定。

图 3-2-13

第三节 基本进攻技术

基本进攻技术是搏击操的重要组成部分，它以击拳、肘击、拦挡和腿法为主，通过借助上肢、下肢和腰部的力量，来提高技术质量与健身价值。基本进攻技术包括上肢技术动作和下肢技术动作等。

一、上肢技术动作

在搏击操中，上肢技术动作主要以拳法和肘击为主，具有速度快、灵活多变等特点。上肢技术动作包括握拳技术、直拳、摆拳、勾拳、击腹拳、鞭拳、侧肘击、前肘击、前摆肘、向下拦挡、向外拦挡、向上拦挡、双臂向下拦挡、双臂向上拦挡和手刀等。

（一）握拳技术

1. 动作方法

(1) 手掌张开，四指并拢卷握，拇指紧扣其上。

(2) 确保手腕与指节呈一条直线，拇指紧扣食指和中指的第二指节。见图 3-3-1。

2. 技术要点

握拳要紧，拇指紧扣。

3. 错误纠正

练习时易出现握拳不紧等问题。因此，应多练习握拳技术，体会动作要领。

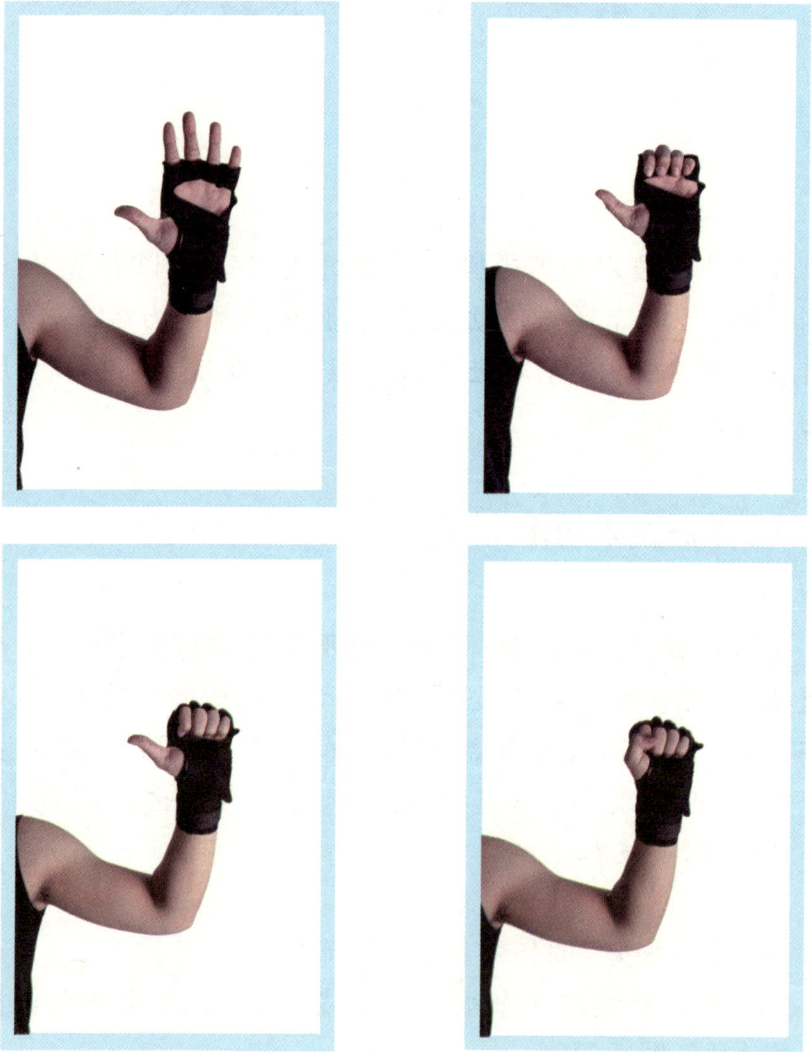

图 3-3-1

（二）直拳

★前手直拳

1. 动作方法

（1）左脚在前呈格斗站姿，右脚蹬地，身体重心快速前移至左脚，同时以髋关节带动肩向内旋转10度左右，拳由防守位置冲出，转90度，达其着力点。

（2）在转体的同时探左肩，以肩带动前臂快速向前直线击出，同时左前臂向内旋，力达拳面，右手放于下颌处防守，肘部防护肋部。

（3）拳达接触点时，紧缩三角肌和三头肌，以确保肘不会伸展过度。

（4）动作中上臂保持不动，然后迅速沿相同路线收拳，回到格斗站姿。见图3-3-2。

2. 技术要点

动作协调连贯，要有整体性。

3. 错误纠正

练习时易出现握拳不紧、肩膀不放松、重心不稳、出拳时有

图3-3-2

回拉动作、出拳路线不直等问题。因此，应强调以拳领先，勿先动肘，或在同伴的帮助下互相观摩纠正动作，分别面向和侧向镜子跟随音乐反复练习，体会动作要领。

★后手直拳

1. 动作方法

(1) 左脚在前呈格斗站姿，右脚蹬地，并以脚前掌为轴向内扣转。

(2) 同时合髋转腰，送肩，右拳旋臂向前沿直线冲出，力达拳面，左拳置于下颌处防守，肘关节自然弯曲贴于肋部，下颌略收，目视前方。

(3) 出拳时重心移至左脚，右脚随之转动扣膝，从正面看，向内转扣的后大腿应垂直于地面。

(4) 动作完成后按原路线返回，呈格斗站姿。见图 3 3-3。

2. 技术要点

(1) 出拳时两脚不要站在一条线上，否则会影响身体平衡，造成重心不稳。

(2) 充分体会蹬地、转腰、急旋臂的发力过程。

图 3-3-3

3. 错误纠正

练习时易出现握拳不紧、肩膀不放松、重心不稳、出拳时有下蹲及耸肩现象、转体角度不够等问题。因此，应分别面向和侧向镜子跟随音乐反复练习，体会动作要领。

（三）摆拳

★前手摆拳

1. 动作方法

（1）由格斗站姿开始，右脚蹬地，身体向右转体，侧向90度，左臂提肘与肩同高，前臂与地平行。

（2）向出拳方向转臂90度，以腰带臂，重心向左脚移动，左脚蹬地，脚跟略外转，左肘关节弯曲约90度，前臂抬肘，略与肩平，由外向内弧线向前击打。

（3）紧缩肱二头肌、前三角肌和胸部，以集中一击。

（4）力达拳面，右手护住下颌，完成出拳动作后按原路线返回。

（5）保持重心平稳，立腰。见图3-3-4。

2. 技术要点

（1）出拳到位、标准，应为手腕摆动至身体中轴线处，不要超过中轴线过多。

（2）出拳时应避免出现回拉现象。

3. 错误纠正

练习时易出现歪肘、重心不稳、肩膀内收过度、过早翻肘出现甩拳、发力时拳法因惯性太强而失控等问题。因此，应在同伴的帮助下克服只想用力的心理，严格体会动作路线，出拳时拳心应向下，用拳面击打。

图 3-3-4

★后手摆拳

1. 动作方法

(1) 左脚由前格斗站姿开始，右脚蹬地，同时以左脚掌为轴，脚跟外翻，身体重心向前移，以腰带臂，右臂抬起，与肩同高，右拳由外向内横向弧线摆动向前击打。

(2) 击打时左肩低于右肩，右手上臂与前臂形成相对固定的夹角，同时左拳置于下颌处防守，肘部夹紧。

(3) 击打动作完成后，右臂按原路线返回，呈格斗站姿。见图 3-3-5。

2. 技术要点

(1) 击打中，近距离时，拳心应向下，远距离时，拳心向前下方，避免手腕损伤。

(2) 出拳时应避免出现回拉现象。

3. 错误纠正

同“前手摆拳”。

图 3-3-5

（四）勾拳

1. 动作方法

(1) 左脚由前格斗站姿开始，两脚站稳，保持重心，上体略向前。

(2) 出右拳时，右脚蹬地，同时右腰向上、向内挺出，右手拳借挺腰的力量由下向上抄起，同时右臂外旋，使拳心向内。

(3) 挺腰时，右腿膝关节挺直后马上制动，并短促发力，力达拳面，左拳置于下颌处防守，目视右拳。

(4) 击打后，肩关节放松，右拳按击打路线返回，呈格斗站姿。

(5) 出左拳时，动作相同，方向相反。见图 3-3-6。

2. 技术要点

(1) 动作不宜过大，要有控制，发力短促有力。

(2) 出拳时肩部放松，避免后引动作过大而暴露动作意图。

(3) 身体重心不要前移，避免因上体后仰而导致发力不足。

3. 错误纠正

练习时易出现出拳后引或身体前仰后倒、出拳时动作变形、重心不稳、动作幅度超过中线、过度拉伸肩关节等问题。因此，应跟着音乐节奏，面对镜子练习，不要强调用力，严格体会动作路线、蹬地转腰的发力要领以及动作的整体性。

图 3-3-6

(五) 击腹拳

1. 动作方法

(1) 由格斗站姿开始，降低拳头至腹部高度，然后直接向外出击。

(2) 动作结束时，肘部离身体约有一拳。

(3) 紧握拳，转动手使拳心向上，拇指紧扣指节。

(4) 肱二头肌和三角肌前束紧缩，以集中出击，击打完成后，还原呈格斗站姿。见图 3-3-7。

2. 技术要点

动作幅度要有控制，动作结束时肘部离身体约有一拳距离，重心要低。

3. 错误纠正

练习时易出现肱二头肌和三角肌前束无紧缩、歪肘、重心不稳等问题。因此，应保持重心稳定，重心在两腿之间，控制击拳幅度。

图 3-3-7

（六）鞭拳

1. 动作方法

（1）格斗站姿，两脚站稳，身体向右后方转体，引左拳收回。

（2）身体快速向左前方转体，以腰带肩、带臂向左前方用力鞭打，肘关节不可过度超伸。

（3）收拳路线与击拳路线相同，动作要快，还原成格斗站姿。见图 3-3-8。

2. 技术要点

整个动作一气呵成，出拳时要保持身体平衡，鞭拳击打的路线应是横向的。

3. 错误纠正

练习时易出现转体停顿、站立不稳、力点不准、动作与音乐节拍不符等问题。因此，应专做转体练习，待熟练后再做完整动作，可配合节奏慢一点儿的音乐，连续做鞭打动作，体会音乐节拍和甩臂要领。

图 3-3-8

（七）侧肘击

1. 动作方法

（1）正面站姿，拳贴近身体，提肘至体侧。

（2）移动拳、前臂至身前，与目标相向。

（3）以肘尖向一侧或两侧顶击，前臂与地面平行，腕、前臂与肘呈一直线。

（4）紧缩肱二头肌和三角肌。见图 3-3-9。

2. 技术要点

（1）侧肘击时，出肘幅度要控制，避免拉伤肩膀。

（2）保持重心稳定。

3. 错误纠正

练习时易出现肘行进太高、过度拉伸肩关节、重心不稳、肱二头肌和上臂不紧张等问题。因此，基本姿态应稳定，核心部位收紧，可对照镜子练习，观察手肘高度，体会动作要领。

图 3-3-9

(八) 前肘击

1. 动作方法

(1) 正面站姿，拳贴近身体，提肘至体侧。

(2) 移动拳、前臂至身前，与目标相向。

(3) 肘尖向前顶击，前臂与地面平行，腕、前臂与肘呈一条直线。

(4) 紧缩肱二头肌和三角肌。见图 3-3-10。

2. 技术要点

(1) 移动拳要快，前臂至身前时动作幅度不易过大。

(2) 前臂与地面平行。

3. 错误纠正

练习时易出现肘行进太高、过度拉伸肩关节、重心不稳、动作与音乐节拍不符等问题。因此，应收紧核心部位，可对照镜子练习，观察动作，体会要领。

图 3-3-10

（九）前摆肘

1. 动作方法

(1) 正面站姿，两脚站稳，保持重心，上体略向前。

(2) 手、肘后拉预备，转肘出击。

(3) 另一手可指向目标，加强攻击的准确度。

(4) 允许同侧脚跟侧转，全过程保持立腰、重心平稳。见图 3-3-11。

2. 技术要点

肘环形向前出击，注意立腰、重心平稳。

3. 错误纠正

练习时易出现肘行进太高、过度拉伸肩关节、动作幅度超过中线、肩膀过度拉伸等问题。因此，应收紧核心部位，可对照镜子练习，体会动作要领。

图 3-3-11

(十)向下拦挡

1. 动作方法

(1) 正面站姿开始,移拳横过身体至另一侧的肩膀。

(2) 以平滑的动作在身前下拉拳和前臂,结束时至同侧大腿外侧。

(3) 瞄准时肘略弯,拳握紧,并面向身体。

(4) 整个动作中保持立腰、重心平稳。见图 3-3-12。

2. 技术要点

移拳横过身体至另一侧肩膀时吸气,拦挡动作要快。

3. 错误纠正

练习时易出现歪肘、脊柱过度拉伸、重心不稳、腹部和上身肌肉太放松等问题。因此,应对照镜子反复练习,体会动作要领,重心保持稳定。

图 3-3-12

(十一)向外拦挡

1. 动作方法

(1) 由正面站姿开始，移拳横过胸部至另一侧腋窝。

(2) 保持拳心旋转向上，移拳横过身前，手臂呈绷紧的弓形，结束时至同侧肩膀侧面，与肩同高。

(3) 肘部离肋约一拳，手腕绷直，屈肘呈 90 度角。

(4) 保持立腰、重心平稳。见图 3-3-13。

图 3-3-13

2. 技术要点

拦挡动作要快。

3. 错误纠正

练习时易出现重心不稳、腹部和上身肌肉太放松、超过肩高的拦截等问题。因此，应对照镜子反复练习，体会动作要领，保持重心稳定。

（十二）向上拦挡

1. 动作方法

（1）由正面站姿开始，冲拳至中心线，拳头面向并靠近身体。

（2）拳过前额时，拳心迅速转向下，紧缩肱二头肌、三角肌和背阔肌一起拦截。

（3）拳握紧，动作完成时前臂与地面呈 45 度角，拳与另一肩平，拳心向前。

（4）另一手缩回呈防卫姿势，立腰，收腹。见图 3-3-14。

2. 技术要点

拦挡动作要快。

图 3-3-14

3. 错误纠正

练习时易出现重心不稳，腹部和上身肌肉太放松等问题。因此，应对照镜子反复练习，体会动作要领，保持重心稳定。

（十三）双臂向下拦挡

1. 动作方法

（1）由正面站姿开始，两拳下冲至中心线交叉。

（2）拳头贴近身体。

（3）拦截完成时，手腕交叉，拳紧握，指节内转，肘略弯。见图 3-3-15。

2. 技术要点

两拳同时用力，拳头贴近身体，拦挡动作要快。

3. 错误纠正

练习时易出现重心不稳，腹部和上身肌肉太放松等问题。因此，应对照镜子反复练习，体会动作要领，保持重心稳定。

图 3-3-15

（十四）双臂向上拦挡

1. 动作方法

（1）由正面站姿开始，两拳上冲至中心线交叉。

(2) 拦截中，拳略转向下，最后使指节向内。

(3) 两肘略屈，立腰，收腹，目视前方。见图 3-3-16。

2. 技术要点

两拳同时用力，拳头贴近身体，拦挡动作要快。

3. 错误纠正

练习时易出现重心不稳，腹部和上身肌肉太放松，脊柱过度拉伸等问题。因此，应对照镜子反复练习，体会动作要领，保持重心稳定。

图 3-3-16

(十五) 手刀

1. 动作方法

(1) 由格斗姿势开始，举起进攻手如敬礼姿势。

(2) 手肘横过身体至中心线止，击打完成时，肘略屈，前臂、手指和手腕呈一条直线。

(3) 掌心向上，掌拉紧，拇指紧扣虎口，同时另一手收回至腰间，以加强速度和准确度。

(4) 紧缩背、肩和肱二头肌，立腰、收腹。见图 3-3-17。

2. 技术要点

(1) 做动作过程中，肘关节要始终保持略屈。

(2) 要控制转腰，保持身体重心。

3. 错误纠正

练习时易出现肘部过度拉伸、掌不紧、重心不稳等问题。因此，应对照镜子反复练习，体会动作要领，重心要稳，立腰，收腹。

图 3-3-17

二、下肢技术动作

下肢技术动作主要以腿法为主。腿法是搏击操中最重要的技法之一，在练习中占有较大比重。它的特点是可远距离运用，攻击力强，力度大，进攻有效性强，健身价值高。下肢技术动作包括前顶膝、前踢、侧踹腿、后踢腿和鞭腿等。

（一）前顶膝

1. 动作方法

（1）由格斗姿势开始，后腿向前上步，向上、向前提膝，同时身体后仰，令膝向上前行。

（2）保持膝部弯曲，脚尖紧绷。见图 3-3-18。

2. 技术要点

（1）膝部弯曲，脚尖紧绷，力量向前上方。

（2）送髋前顶，力量集中。

3. 错误纠正

练习时易出现重心不集中在支撑腿上，脊柱过度拉伸，小腿没有夹紧，歪膝等问题。因此，应保持重心稳定，对照镜子反复练习，体会动作要领，提高技术能力。

图 3-3-18

(二)前踢

1. 动作方法

(1) 由格斗姿势开始，后腿向前上步，前腿提膝向上，大腿与地面平行，小腿垂直。

(2) 整个过程中脚尖上翘，以前脚掌为攻击部位。

(3) 伸直腿，缩紧肱四头肌，避免膝部过度拉伸，身体略向后仰，保持脊柱正中。

(4) 沿相同轨迹收脚，呈格斗姿势。见图 3-3-19。

2. 技术要点

提膝时大腿贴胸，避免出现弹腿及下踏动作，出腿时要保持身体重心，避免身体过分后仰。

图 3-3-19

3. 错误纠正

练习时易出现重心不集中在支撑腿上，上踢或下踏动作，脊柱过度拉伸，歪膝，重心不稳等问题。因此，应对照镜子反复练习，体会动作要领，出腿时膝要上提，有送髋动作。

（三）侧踹腿

1. 动作方法

（1）由正面站姿开始，旋转支撑腿，脚跟指向踢腿方向，目视踢腿方向。

（2）提膝至侧踹腿的预备位置。

（3）脚背保持弯曲，以脚跟为攻击部位。

（4）身体向踢腿的另一侧倾斜，以保持脊柱正中，提高踢腿高度。

（5）两膝略屈，左手置于左腿大腿侧上方，右手置于腰侧。

（6）动作完成后，沿相同轨迹收腿。见图 3-3-20。

2. 技术要点

（1）做动作时，要保持身体重心。

（2）收腿时要按踹出的路线收回，平稳落地。

图 3-3-20

3. 错误纠正

练习时易出现上体与踹出腿不呈一条直线，力点不准，重心未集中在支撑腿上，核心不稳等问题。因此，应扶支撑物反复练习提膝踹腿动作，体会动作要领，使提膝踹腿动作连贯有力，踹腿完成时大腿与上体应保持在一条直线。

（四）后踢腿

1. 动作方法

(1) 由格斗姿势开始，身体由臀部向前屈，支撑腿膝部弯曲，收腹。

(2) 攻击腿屈膝提起，目光越过肩膀看目标，脚跟后踢。

(3) 膝部尽量指向地面，以脚跟领先，用力向后踢，力点达足跟，上体略前倾，目视踢出脚。

(4) 动作完成后，屈膝沿相同轨迹收腿，身体放松，呈格斗姿势。见图 3-3-21。

2. 技术要点

(1) 保持身体平衡，向后转身时以头领先，踢腿时挺腰展髋，避免出现低头及弯腰现象。

(2) 练习时要有假设击打目标，动作规范，体会技术原理，动作到位，保持身体的稳定性。

3. 错误纠正

练习时易出现重心未集中在支撑腿上，踢腿时低头猫腰，力点不准，脊柱过度拉伸，重心不稳等问题。因此，应原地专门练习收腿动作，待熟练后再完整练习，同时可假设一个目标，对其进行击打，体会用力的顺序与技巧。

图 3-3-21

（五）鞭腿

1. 动作方法

（1）由格斗姿势开始，后脚向前滑动，匀速地转动脚跟。

（2）提前膝至目标高度，同时匀速地转动脚跟，让膝与臀呈一条直线。

(3) 紧绷脚尖，突然踢向目标，并迅速收回至预备位置。

(4) 紧缩肱四头肌，避免膝部过度拉伸，收脚回到格斗姿势。

(5) 整个过程保持重心平稳及防御姿势。见图 3-3-22。

2. 技术要点

(1) 鞭腿横踢时，迅速伸膝发力，并借助转腰的力量加大打击力度。

(2) 上体倾斜的角度不要过大，弹踢的瞬间同侧手置于大腿外侧，异侧手置于下颌处防守。

3. 错误纠正

练习时易出现直腿鞭打，重心未集中在支撑腿上，脊柱过度拉伸，踢得过高，核心不稳等问题。因此，应注意膝关节放松并向内扣，打击路线是横向的，不能向上撩摆。

图 3-3-22

第四节 组合动作

搏击操的组合动作是简繁兼备、易难均有的健身组合。组合动作创编时应遵循上下结合、左右结合、横直结合、攻防结合等原则，一般以每个组合两至三个动作为宜。搏击操组合动作包括进攻技术组合、防守技术组合和攻防技术组合等。

一、进攻技术组合

进攻技术组合包括拳法组合、腿法组合和拳腿组合等。不同的组合可以让身体进行不同的练习，同时，也可增添练习的乐趣。

（一）拳法组合

★组合一

1. 动作方法

左直拳—右直拳。见图 3-4-1。

2. 技术要点

动作应快速连贯，要有攻防意识，练习时配合步法移动。

图 3-4-1

★组合二

1. 动作方法

左直拳—右摆拳。见图 3-4-2。

2. 技术要点

右摆拳动作幅度不宜过大，出拳后需迅速回撤，护于下颌处。

图 3-4-2

★组合三

1. 动作方法

左直拳—右勾拳。见图 3-4-3。

2. 技术要点

勾拳时要充分借助蹬地挺髋的力量，转腰幅度不宜过大，发力短促，出拳后迅速收回防守。

图 3-4-3

★组合四

1. 动作方法

右直拳—左摆拳。见图 3-4-4。

2. 技术要点

右直拳动作完成后要向前滑步，左摆拳发力要以腰带臂。

图 3-4-4

★组合五

1. 动作方法

右直拳—左摆拳—右勾拳。见图 3-4-5。

2. 技术要点

以腰带臂发力，动作衔接要快。

图 3-4-5

★组合六

1. 动作方法

右直拳—右勾拳—左摆拳。见图 3-4-6。

2. 技术要点

出拳动作要连贯有力，力点准确。

图 3-4-6

(二)腿法组合

★组合一

1. 动作方法

前踢腿—后踢腿。见图 3-4-7。

2. 技术要点

连接动作时注意身体的稳定性。

图 3-4-7

★**组合二**

1. 动作方法

左侧踹腿—右前踢腿。见图 3-4-8。

2. 技术要点

侧踹腿落地后身体向左侧转体，随即右前踢腿快速击出。

图 3-4-8

★组合三

1. 动作方法

前顶膝—前踢腿—后踢腿。见图 3-4-9。

2. 技术要点

动作应连接流畅，保持重心稳定。

图 3-4-9

（三）拳腿组合

★组合一

1. 动作方法

后手直拳—后踢腿。见图 3-4-10。

2. 技术要点

出拳要快，出拳后身体重心向后移动，便于向后踢腿。

图 3-4-10

★组合二

1. 动作方法

左鞭腿—后手直拳—前顶膝。见图 3-4-11。

2. 技术要点

鞭腿、直拳衔接要迅速，前顶膝力点准确。

图 3-4-11

二、防守技术组合

防守技术组合主要是把搏击操的防守动作组合在一起进行练习，多用于搏击操的放松练习和调息练习中，通过防守技术组合的练习，可增强身体的控制能力。

★组合一

1. 动作方法

向下拦挡—向外拦挡。见图 3-4-12。

2. 技术要点

防守动作的幅度不宜过大，保持身体的稳定性。

图 3-4-12

★组合二

1. 动作方法

双臂向下拦挡—向上拦挡—向下拦挡。见图 3-4-13。

2. 技术要点

防守动作的幅度不宜过大，保持身体的稳定性。

图 3-4-13

三、攻防技术组合

攻防技术组合在搏击操练习中比较常用，主要的目的就是攻防兼备，激发练习者的兴趣，使练习者在练习过程中体会实战的感觉。

★组合一

1. 动作方法

后手直拳—后踢腿—向外拦挡。见图 3-4-14。

2. 技术要点

拳、腿、拦挡技术间的配合要协调，保持身体的稳定性。

图 3-4-14

★组合二

1. 动作方法

两臂向上拦挡—前摆肘—前踢腿—后手直拳。见图 3-4-15。

2. 技术要点

拳、腿、拦挡技术间的配合要协调，保持身体的稳定性。

图 3-4-15

4 第四章 成套动作

成套动作是搏击操练习的根本，合理的套路练习是达到更好的锻炼效果的途径。成套动作是指将基本动作按音乐节拍设置，合理地组合在一起，以便练习者正确地进行锻炼。搏击操的成套动作可以给练习者提供一种高效的、极具挑战性的并且富有乐趣的健身运动。成套动作包括热身练习、格斗组合、力量练习、有氧战斗、放松动作等。

第一节 热身练习

热身练习以搏击操的基本动作为主，动作简单。目的在于使练习者了解基本动作，进入运动状态。

一、前奏部分（8×8 拍）

1. 动作方法

(1) 准备姿势：正面站姿，两拳打开。

(2) 第一、二个 8 拍：两手太极云手，从左向右打开。

(3) 第三、四个 8 拍：两手扶右膝。

(4) 第五至第八个 8 拍：与前四个 8 拍动作相同，方向相反。见图 4-1-1。

2. 技术要点

动作匀速，做动作的过程中要注意调整呼吸。

图 4-1-1

二、A 组动作(4×8 拍)

1. 动作方法

(1) 第一个 8 拍：1 ～ 2 拍，左脚呈前格斗站姿，左勾拳；3 ～ 4 拍，右勾拳；5 ～ 8 拍与 1 ～ 4 拍动作相同。

(2) 第二至第四个 8 拍：与第一个 8 拍动作相同。见图 4-1-2。

2. 技术要点

勾拳时，注意身体重心变化，要有转腰动作。

图 4-1-2

三、B 组动作(4×8 拍)

1. 动作方法

(1) 第一个 8 拍：1 ～ 2 拍，前跳直拳；3 ～ 4 拍，后跳；5 ～ 8 拍与 1 ～ 4 拍动作相同。

(2) 第二至第四个 8 拍：与第一个 8 拍动作相同。见图 4-1-3。

2. 技术要点

跳直拳时，两膝保持弹动。

图 4-1-3

四、C 组动作（8×8 拍）

1. 动作方法

(1) 第一个 8 拍：1 ～ 4 拍，前跳；5 ～ 8 拍，跳直拳两次。

(2) 第二个 8 拍：1 ～ 4 拍，后跳；5 ～ 8 拍，左勾拳两次。

(3) 第三至第八个 8 拍：与第一、二个 8 拍动作相同，重复三次。见图 4-1-4。

图 4-1-4

2. 技术要点

每次前跳时，两脚要有腾空的过程，身体重心要稳。

五、D 组动作（4×8 拍）

1. 动作方法

(1) 第一个 8 拍：1 ～ 2 拍，前摆拳；3 ～ 4 拍，原地弹动跳；5 ～ 8 拍与 1 ～ 4 拍动作相同。

(2) 第二至第四个 8 拍：与第一个 8 拍动作相同，重复三次。见图 4-1-5。

2. 技术要点

跳起时，两膝保持弹动。

图 4-1-5

六、E 组动作（4×8 拍）

1. 动作方法

(1) 第一个 8 拍：1 ～ 4 拍，左手向前推掌；5 ～ 8 拍，右手向前推掌。

(2) 第二个 8 拍：与第一个 8 拍动作相同。

(3) 第三个 8 拍：1 ～ 2 拍，左手向前推掌；3 ～ 4 拍，右手向前推掌；5 ～ 8 拍与 1 ～ 4 拍动作相同。

(4) 第四个 8 拍：与第三个 8 拍动作相同。见图 4-1-6。

2. 技术要点

每次向前推掌时，身体重心要由高到底，肘关节保持略屈。

图 4-1-6

七、F 组动作（4×8 拍）

1. 动作方法

(1) 第一个 8 拍：1 ～ 4 拍，左腿在前呈格斗站姿，右腿向前顶膝；5 ～ 8 拍与 1 ～ 4 拍动作相同。

(2) 第二至第四个 8 拍：与第一个 8 拍动作相同，重复三次。见图 4-1-7。

2. 技术要点

顶膝时，要撑到身体向前幅度，不能过度向前，保持身体重心稳定。

图 4-1-7

八、G 组动作（4×8 拍）

1. 动作方法

（1）第一个 8 拍：1 ～ 2 拍，左腿在前呈格斗站姿，右腿向前顶膝；3 ～ 4 拍，左腿前踢腿；5 ～ 8 拍，向后跳两次。

（2）第二至第四个 8 拍：与第一个 8 拍动作相同，重复三次。见图 4-1-8。

图 4-1-8

2. 技术要点

动作变换时，身体要协调。

九、G' 组动作（8×8 拍）

1. 动作方法

(1) 第一个 8 拍：1 ～ 2 拍，在 F 组动作的基础上，跳起踢左腿；3 ～ 4 拍，落地；5 ～ 8 拍，向后跳两次。

(2) 第二至第八个 8 拍：与第一个 8 拍动作相同，重复七次。见图 4-1-9。

2. 技术要点

跳踢腿时，重心要稳，向后跳时步伐要小，不宜过大。

图 4-1-9

十、H 组动作（4×8 拍）

1. 动作方法

(1) 第一个 8 拍：1 ～ 4 拍，鞭腿准备动作；5 ～ 8 拍，原地跳两次。

(2) 第二至第四个 8 拍：与第一个 8 拍动作相同，重复三次。见图 4-1-10。

2. 技术要点

鞭腿准备动作，髋关节要打开，大腿与身体在一个平面上。

图 4-1-10

十一、H' 组动作（4×8 拍）

1. 动作方法

(1) 第一个 8 拍：1 ～ 4 拍，鞭腿完整动作，前腿向前鞭腿；5 ～ 8 拍，落腿后原地呈格斗站姿，跳两次。

(2) 第二至第四个 8 拍：与第一个 8 拍动作相同，重复三次。见图 4-1-11。

2. 技术要点

做鞭腿动作时，要控制膝关节，保持关节弹性。

图 4-1-11

十二、空 8 拍(1×8 拍)

1. 动作方法

(1)1 ～ 2 拍：从格斗站姿跳换成正面站姿。

(2)3 ～ 8 拍：原地呈正面站姿不动。见图 4-1-12。

2. 技术要点

保持收腹、立腰。

图 4-1-12

十三、I 组动作(4×8 拍)

1. 动作方法

(1) 第一个 8 拍：1～2 拍，左侧踹腿准备动作，侧吸左腿；3～4 拍，左腿落地；5～8 拍，原地跳两次。

(2) 第二至第四个 8 拍：与第一个 8 拍动作相同，重复三次。见图 4-1-13。

2. 技术要点

侧吸腿时，大腿要尽量向腹部靠。

图 4-1-13

十四、I' 组动作(4×8 拍)

1. 动作方法

(1) 第一个 8 拍：1～2 拍，左侧踹腿；3～4 拍，落腿；5～8 拍，原地跳两次。

(2) 第二至第四个 8 拍：与第一个 8 拍动作相同，重复三次。见图 4-1-14。

2. 技术要点

侧踹腿时，要保持身体重心。

图 4-1-14

十五、结束动作

1. 动作方法

两手太极抱球，向右推出。见图 4-1-15。

2. 技术要点

挺胸、收腹、立腰。

图 4-1-15

第二节 格斗组合

格斗组合在搏击操中属于综合练习，主要以拳腿结合的进攻动作为主。本节将综合性地展示搏击操套路，充分体现搏击操的锻炼价值。

一、前奏（2×8 拍）

1. 动作方法

左脚在前呈格斗站姿。见图 4-2-1。

2. 技术要点

挺胸、收腹、立腰。

图 4-2-1

二、A' 组动作（8×8 拍）

1. 动作方法

(1) 第一个 8 拍：1 ～ 2 拍，前鞭腿一次；3 ～ 4 拍，前手鞭拳一次；5 ～ 8 拍，原地呈格斗站姿，跳两拍。

(2) 第二至第八个 8 拍：与第一个 8 拍动作相同，重复七次。见图 4-2-2。

2. 技术要点

鞭腿动作过渡到鞭拳动作时，身体要协调。

图 4-2-2

三、B组动作(8×8拍)

1. 动作方法

(1) 第一个8拍：1拍，左手直拳；2拍，右手直拳；3～4拍与1～2拍动作相同；5～6拍，左勾拳；7～8拍，右勾拳。

(2) 第二至第八个8拍：与第一个8拍动作相同，重复七次。见图4-2-3。

2. 技术要点

身体重心稳定，动作协调。

图4-2-3

四、B′组动作（8×8拍）

1. 动作方法

(1) 第一个8拍：1拍，左手直拳；2拍，右手直拳；3～4拍与1～2拍动作相同；5～6拍，左勾拳；7～8拍，右勾拳。

(2) 第二个8拍：1～2拍，左脚前踢；3～4拍，右脚侧前踢；5～8拍，原地跳两次。

(3) 第三至第八个8拍：与第一、二个8拍动作相同，重复三次。见图4-2-4。

2. 技术要点

身体重心稳定，动作协调。

图 4-2-4

五、C' 组动作(8×8 拍)

1. 动作方法

(1) 第一个 8 拍：1 ~ 4 拍，向前跳 4 次；5 ~ 6 拍，左鞭腿；7 ~ 8 拍，左鞭拳。

(2) 第二个 8 拍：1 ~ 4 拍，向后跳 4 次；5 ~ 8 拍，交叉腿跳两次。

(3) 第三至第八个 8 拍：第一、二个 8 拍动作相同，重复三次。见图 4-2-5。

2. 技术要点

做鞭腿动作时，要控制膝关节，保持关节弹性。

图 4-2-5

六、D' 组动作(2×8 拍)

1. 动作方法

(1) 第一个 8 拍：1 ～ 2 拍，跳成右脚在前格斗站姿；3 ～ 4 拍，跳成左脚在前格斗站姿；5 ～ 8 拍与 1 ～ 4 拍动作相同。

(2) 第二个 8 拍：与第一个 8 拍动作相同。见图 4-2-6。

2. 技术要点

身体要保持重心，上体保持正直。

图 4-2-6

七、E' 组动作(8×8 拍)

同 B' 组动作。

八、结束动作

1. 动作方法

鞭拳。见图 4-2-7。

2. 技术要点

做鞭拳动作时，肘关节要保持略屈。

图 4-2-7

第三节 力量练习

在搏击操中，力量练习也叫速度练习，主要以拳法组合为主。通过力量练习可以提高练习者的心肺功能、增强肌耐力，也可以加强身体的曲线美。

一、前奏（2×8 拍）

1. 动作方法

左脚在前呈格斗站姿准备。见图 4-3-1。

2. 技术要点

挺胸、收腹，两拳做防守动作。

图 4-3-1

二、A' 组动作（2×8 拍）

1. 动作方法

(1) 第一个 8 拍：1 ～ 3 拍，左手直拳三次；4 拍，右手直拳一次；5 ～ 8 拍与 1 ～ 4 拍动作相同。

(2) 第二至第四个 8 拍：与第一个 8 拍动作相同，重复三次。见图 4-3-2。

2. 技术要点

快速击拳时，肘关节保持略屈。

图 4-3-2

三、B' 组动作（4×8 拍）

1. 动作方法

(1) 第一个 8 拍：1 ～ 6 拍，左手直拳三次；7 ～ 8 拍，右手直拳一次。

(2) 第二个 8 拍：1 ～ 2 拍，左勾拳；3 ～ 4 拍，右勾拳；5 ～ 8 拍与 1 ～ 4 拍动作相同。

(3) 第三、四个 8 拍：与第一、二个 8 拍动作相同。见图 4-3-3。

2. 技术要点

做勾拳动作时，击拳高度不要超过自己的头顶。

图 4-3-3

四、B' 组动作(8×8 拍)

1. 动作方法

(1) 第一个 8 拍：1～3 拍，左手直拳三次；4 拍，右手直拳一次；5 拍，左勾拳；6 拍，右勾拳；7～8 拍动作与 5～6 拍相同。

(2) 第二至第八个 8 拍：与第一个 8 拍动作相同，重复七次。见图 4-3-4。

2. 技术要点

做快速直拳时，肘关节要保持略屈；做勾拳动作时，击拳高度不要超过自己的头顶。

图 4-3-4

五、C' 组动作（6×8 拍）

1. 动作方法

（1）第一个 8 拍：1 ～ 2 拍，左脚上步直拳；3 ～ 4 拍，重复直拳一次；5 ～ 6 拍，右脚向后退步，击腹一次；7 ～ 8 拍，重复击腹一次。

（2）第二至第六个 8 拍：与第一个 8 拍动作相同，重复五次。见图 4-3-5。

2. 技术要点

上步和退步时，动作要协调，迈步不宜过大。

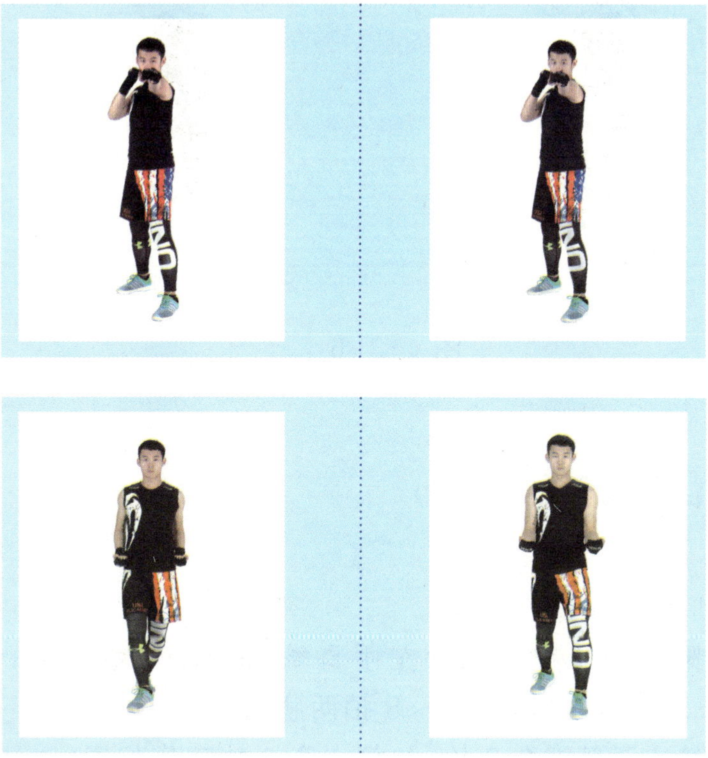

图 4-3-5

六、C' 组动作（2×8 拍）

1. 动作方法

(1) 第一个 8 拍：1 ～ 2 拍，左脚上步直拳一次；3 ～ 4 拍，右脚向后退步，击腹一次；5 ～ 8 拍与 1 ～ 4 拍动作相同。

(2) 第二个 8 拍：与第一个 8 拍动作相同。见图 4-3-6。

2. 技术要点

上步和退步时，动作要协调，迈步不宜过大。

图 4-3-6

七、D 组动作（8×8 拍）

1. 动作方法

(1) 第一个 8 拍：1 拍，左手直拳；2 拍，右手击腹；3 ～ 4 拍与 1 ～ 2 拍动作相同；5 ～ 8 拍两腿前后跑。

(2) 第二至第八个 8 拍：与第一个 8 拍动作相同，重复七次。见图 4-3-7。

2. 技术要点

身体要有上下起伏，保持膝关节强弹动。

图 4-3-7

八、E' 组动作（8×8 拍）

1. 动作方法

（1）第一个 8 拍：1 ～ 2 拍，前跳拳两次；3 ～ 4 拍，后跳拳两次；5 ～ 8 拍，交叉腿跳两次。

（2）第二至第八个 8 拍：与第一个 8 拍动作相同，重复七次。见图 4-3-8。

图 4-3-8

2. 技术要点

身体在前后动作转换时，保持重心稳定。

九、F 组动作（8×8 拍）

1. 动作方法

（1）第一个 8 拍：1 ～ 4 拍，前跳直拳四次；5 ～ 8 拍，前后交换腿跑四次。

（2）第二个 8 拍：1 ～ 4 拍，后跳直拳四次；5 ～ 8 拍，前后交换腿跑四次。

（3）第三至第八个 8 拍：与第一、二个 8 拍动作相同，重复三次。见图 4-3-9。

图 4-3-9

2. 技术要点

做跳直拳动作时，身体重心偏向前，直拳速度要快。

十、结束动作

1. 动作方法

转身前直拳。见图 4-3-10。

2. 技术要点

转身前直拳身体重心要低。

图 4-3-10

第四节 有氧战斗

有氧战斗在搏击操中属于综合练习，主要以上下肢动作结合的进攻动作为主。本节将综合性地展示搏击操套路，充分体现搏击操的锻炼价值。

一、前奏(2×8拍)

1. 动作方法

左脚在前呈格斗站姿。见图4-4-1。

2. 技术要点

挺胸、收腹，两拳做防守动作。

图4-4-1

二、A 组动作（8×8 拍）

1. 动作方法

（1）第一个 8 拍：1 拍，左手直拳；2 拍，右手直拳；3 拍，左手直拳；4 拍，不动；5 ～ 8 拍，原地前后跳两次。

（2）第二至第八个 8 拍：与第一个 8 拍动作相同，重复七次。见图 4-4-2。

2. 技术要点

动作协调连贯，要有整体性。

图 4-4-2

三、A' 组动作（16×8 拍）

1. 动作方法

(1) 第一个 8 拍：1 拍，左手直拳；2 拍，右手直拳；3 拍，左手直拳；4 拍，不动；5 ～ 6 拍，跳踢；7 ～ 8 拍，左手直拳。

(2) 第二个 8 拍：1 ～ 2 拍，后跳一次；3 ～ 4 拍与 1 ～ 2 拍动作相同；5 ～ 8 拍与 1 ～ 4 拍动作相同。

(3) 第三至第十六个 8 拍：与第一、二个 8 拍动作相同，重复七次。见图 4-4-3。

2. 技术要点

做跳踢动作时，身体重心不要过于向后，保持收腹。

图 4-4-3

四、空4拍

1. 动作方法

格斗站姿跳转成正面站姿。见图 4-4-4。

2. 技术要点

挺胸、收腹，两拳做防守动作。

图 4-4-4

五、B组动作（8×8拍）

1. 动作方法

（1）第一个8拍：1～2拍，向左直拳；3～4拍，两手拉回，向后肘击；5～6拍，后踢腿，7～8拍，还原成格斗站姿。

（2）第二至第八个8拍：与第一个8拍动作相同，重复七次。见图 4-4-5。

2. 技术要点

后肘击时，出肘幅度要控制，避免拉伤肩膀。

图 4-4-5

六、C 组动作（8×8 拍）

1. 动作方法

（1）第一个 8 拍：1 ～ 4 拍向左移动滑步；5 ～ 6 拍左手摆拳；7 ～ 8 拍右脚前踢。

（2）第二个 8 拍：与第一个 8 拍动作相同，方向相反。

（3）第三至第八个 8 拍：与第一、二个 8 拍动作相同，重复三次。见图 4-4-6。

2. 技术要点

提膝时大腿贴胸部，避免出现弹腿及下踏动作，出腿时要保持身体重心，避免身体过分后仰。

图 4-4-6

七、结束动作

1. 动作方法

前踢腿。见图 4-4-7。

2. 技术要点

保持身体重心，提膝时大腿贴胸。

图 4-4-7

第五节 放松动作

搏击操中的放松动作主要以调息、太极和伸展为主。通过放松练习，可以使练习者达到放松和缓解疲劳的目的。

一、前奏(1×8拍)

1. 动作方法

横向站立，两拳打开，在身体两侧准备。见图4-5-1。

2. 技术要点

挺胸、收腹，两拳紧握。

图4-5-1

二、A 组动作(4×8 拍)

1. 动作方法

(1) 第一个 8 拍：左脚向左侧转，同时屈左膝，重心下压。

(2) 第二个 8 拍：上体向前俯身，右手向下撑地。

(3) 第三至第四个 8 拍：与第一、二个 8 拍动作相同，方向相反。见图 4-5-2。

2. 技术要点

身体重心尽量下压，达到拉伸大腿的目的。

图 4-5-2

三、B 组动作(4×8 拍)

1. 动作方法

(1) 第一个 8 拍：身体左转，左膝屈成 90 度，右膝跪地，两手扶左膝，上体直立。

(2) 第二个 8 拍：右臂经体前向后打开，左手背靠右臂肘关节，拉伸肩膀。

(3) 第三至第四个 8 拍：与第一、二个 8 拍动作相同，方向相反。见图 4-5-3。

2. 技术要点

挺胸、立腰。

图 4-5-3

四、C 组动作(4×8 拍)

1. 动作方法

(1) 第一个 8 拍：1 ~ 4 拍，调吸放松动作，两手由左下向右绕臂，左脚收至右脚后；5 ~ 8 拍，右前臂绕一周，向外格挡。

(2) 第二个 8 拍：与第一个 8 拍动作相同，方向相反。

(3) 第三个 8 拍：1 ~ 4 拍，两臂打开；5 ~ 6 拍，向前抱臂，含胸收腹；7 ~ 8 拍，打开两臂向上伸。

(4) 第四个 8 拍：1 ~ 4 拍，两臂向上格挡；5 ~ 8 拍，两手平行下拉，掌心向前。见图 4-5-4。

2. 技术要点

动作要流畅，呼吸要均匀。

图 4-5-4

五、D 组动作（4×8 拍）

1. 动作方法

(1) 第一个 8 拍：左腿屈膝向后，脚跟靠近臀部，两膝并拢，左手扶左脚背，右手向体侧打开，掌心向上。

(2) 第二个 8 拍：右手向上伸，握拳下拉。

(3) 第三、第四个 8 拍：与第 、第二个 8 拍动作相同，方向相反。见图 4-5-5。

2. 技术要点

尽量缩小膝关节角度，充分拉伸前腿股四头肌。

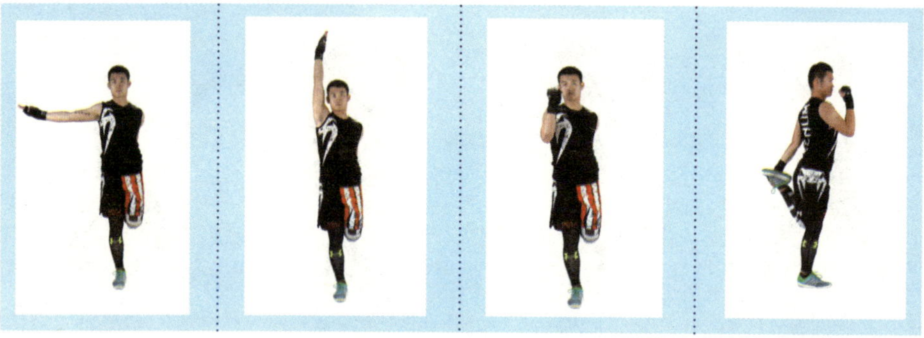

图 4-5-5

六、E 组动作(4×8 拍)

同 C 组动作。

七、F 组动作(1×8 拍)

1. 动作方法

上体前屈，两手撑地。见图 4-5-6。

2. 技术要点

两腿伸直，充分拉伸后腿。

图 4-5-6

八、G组动作（2×8拍）

1. 动作方法

（1）第一个8拍：身体右屈，左臂握拳上升，左脚向右脚右侧后点地，右手放于腰间。

（2）第二个8拍：与第一个8拍动作相同，方向相反。见图4-5-7。

2. 技术要点

做动作的同时，要保持身体重心稳定。

图 4-5-7

九、H组动作（4×8拍）

同C组动作。

十、结束动作(1×8 拍)

1. 动作方法

(1)1 ～ 4 拍：两手上举，从头上分掌向左侧。

(2)5 ～ 7 拍：两手上举，从头上分掌向右侧。

(3)8 拍：以抱拳礼结束。见图 4-5-8。

2. 技术要点

动作要与呼吸相结合。

图 4-5-8